Date: 2/10/15

**SP J 796.7 CAR
Carr, Aaron.
Los monster trucks /**

LOS MONSTER TRUCKS

Aaron Carr

www.av2books.com

El enriquecido libro electrónico AV² te ofrece una experiencia bilingüe completa entre el inglés y el español para aprender el vocabulario de los dos idiomas.

This AV² media enhanced book gives you a fully bilingual experience between English and Spanish to learn the vocabulary of both languages.

Spanish **English**

Navegación bilingüe AV²
AV² Bilingual Navigation

CERRAR
CLOSE

INICIO
HOME

OPCIÓN DE IDIOMA
LANGUAGE TOGGLE

CHANGE LANGUAGE
ENGLISH SPANISH

CAMBIAR LA PÁGINA
PAGE TURNING

BACK NEXT

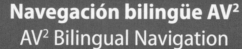

VISTA PRELIMINAR
PAGE PREVIEW

LOS MONSTER TRUCKS

CONTENIDO

3

Los monster trucks son máquinas grandes. Parecen camionetas con ruedas enormes.

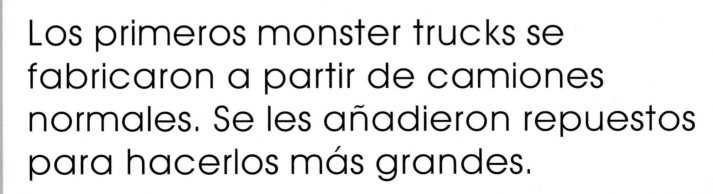

Los primeros monster trucks se fabricaron a partir de camiones normales. Se les añadieron repuestos para hacerlos más grandes.

Los monster trucks pesan alrededor de 10.000 libras.

Los monster trucks se pueden ver en series como Monster Jam. Más de cuatro millones de personas ven estos programas cada año.

Los monster trucks suelen competir en eventos de Monster Jam. Corren carreras alrededor de curvas y sobre obstáculos.

Los monster trucks también saltan sobre automóviles. Los automóviles pueden estar colocados en una línea o apilados uno encima del otro.

13

Los monster trucks son más conocidos por sus grandes ruedas. Estas ruedas son tan altas como una persona y tan anchas como un automóvil.

Los monster trucks utilizan neumáticos hechos para tractores agrícolas.

Los monster trucks tienen grandes y potentes motores. Estos motores tienen el poder de 1.500 caballos.

Los monster trucks tienen una cabina donde se sienta el conductor. El conductor se suele sentar en el centro de la cabina.

19

Los monster trucks pueden ser peligrosos. A veces vuelcan o chocan. Las personas siempre deben tener cuidado cuando están cerca de monster trucks.

DATOS SOBRE LOS MONSTER TRUCKS

En estas páginas proveen información detallada acerca de los datos interesantes que se encuentran en el libro. Están destinadas a ser utilizadas por adultos como un apoyo de aprendizaje para ayudar a que los jóvenes lectores completen sus conocimientos acerca de cada máquina presentada en la serie *Máquinas Poderosas*.

Páginas 4–5

Los monster trucks son máquinas grandes. Son camiones enormes que se utilizan para deportes de motor y entretenimiento. Son conocidos por rodar sobre automóviles con sus neumáticos gigantes. Los primeros monster trucks se fabricaron en la década de 1970 cuando Bob Chandler construyó el primer Pie Grande. Para la década de 1980, las personas ya conducían monster trucks en eventos de automovilismo en todo el país.

Páginas 6–7

Los primeros monster trucks se hicieron a partir de camiones normales. El primer camión Pie Grande fue hecho a partir de un Ford F-250 de 1974. Tenía un motor más grande y ruedas más grandes y el marco se fortaleció para soportar su gran tamaño. Pie Grande tenía neumáticos de 48 pulgadas (122 centímetros) y pesaba alrededor de 10.000 libras (4.500 kilogramos). Hoy en día, los monster trucks son vehículos especialmente diseñados que tienen poco en común con los camiones normales.

Páginas 8–9

Los monster trucks se pueden ver en series como Monster Jam. Cada año, hay más de 100 espectáculos de Monster Jam. Miles de personas llenan estadios para estos eventos. Los espectáculos de Monster Jam tienen lugar en diferentes ciudades de todo el mundo. Un equipo promedio de monster trucks recorre 45.000 millas (72.000 kilómetros) cada año para asistir a estos eventos.

Páginas 10–11

Los monster trucks suelen competir en eventos de Monster Jam. Las carreras constan de dos camiones compitiendo a la vez. Los camiones corren alrededor de una pista ovalada, pasando por curvas y el lanzándose de rampas en al aire. El camión con el tiempo más veloz pasa a la siguiente ronda. Las carreras continúan hasta que haya un solo ganador. El récord de velocidad de monster trucks es de 96,8 millas (155,8 kilómetros) por hora, establecido por Randy Moore en 2012. Este récord se estableció en una pista sin vueltas, llamada pista de carreras de arrastre.

Los monster trucks también saltan sobre automóviles. Los espectáculos de Monster Jam tienen dos tipos de eventos: carreras y estilo libre. En los eventos de estilo libre, los conductores tienen una un tiempo fijo para mostrar sus habilidades. Conducen por el campo de pruebas saltando rampas y conduciendo sobre automóviles. El récord mundial para el salto más largo hecho por un camión monstruo es de 214 pies (65 metros). El récord fue establecido en 2012 por Dan Runte. Los automóviles provienen de depósitos de chatarra locales y se devuelven a éstos depósitos después del evento.

Los monster trucks son más conocidos por sus grandes ruedas. Las ruedas de los monster trucks son casi tan altas como una persona y casi tan anchas como un automóvil. La mayoría de los monster trucks de la actualidad usan neumáticos de 66 pulgadas (168 cm). Los neumáticos que usan los monster trucks están hechos para grandes tractores agrícolas. Cada neumático puede llegar a pesar hasta 1.000 libras (454 kg). Esto añade mucho peso a un monster truck, por lo que parte de la banda de caucho se corta antes de poner los neumáticos en el vehículo.

Los monster trucks tienen grandes y potentes motores. Los monster trucks usan los mismos motores utilizados en camiones más pequeños. Por lo general son motores de ocho cilindros o V8, con algunos cambios especiales para hacerlos más poderosos. Los motores están equipados con sobrealimentadores para agregar más potencia. También queman un tipo especial de combustible llamado alcohol de carreras. El alcohol de carreras produce más energía que la gasolina.

Los monster trucks tienen una cabina donde se sienta el conductor. La mayoría de los monster trucks tienen el asiento del conductor en el centro de la cabina. Sentarse en medio de la cabina ofrece a los conductores una mejor visión de su entorno. Los parabrisas de la mayoría de los monster trucks se hacen de un tipo de plástico llamado Lexan. Si se raya el parabrisas, la capa externa de Lexan se puede despegar para crear una superficie suave y clara.

Los monster trucks pueden ser muy peligrosos. Son máquinas enormes que pueden causar lesiones graves. Los conductores de monster trucks usan trajes resistentes al fuego, cascos, soportes en la cabeza y el cuello, y cinturones de seguridad de cinco puntos. Además, cada camión está hecho para que la cabina no se derrumbe en caso de vuelcos. Para proteger a las personas que ven los espectáculos, los monster trucks están equipados con características de seguridad llamadas interruptores de corte. Estos dispositivos apagan el motor si el conductor pierde el control.

¡Visita www.av2books.com para disfrutar de tu libro interactivo de inglés y español!

Check out www.av2books.com for your interactive English and Spanish ebook!

1 **Entra en www.av2books.com**
Go to www.av2books.com

2 **Ingresa tu código**
Enter book code

G 2 1 1 8 0 6

3 **¡Alimenta tu imaginación en línea!**
Fuel your imagination online!

www.av2books.com

Published by AV² by Weigl
350 5th Avenue, 59th Floor New York, NY 10118
Website: www.av2books.com   www.weigl.com

Library of Congress Control Number: 2014933170

ISBN 978-1-4896-2174-0 (hardcover)
ISBN 978-1-4896-2175-7 (single-user eBook)
ISBN 978-1-4896-2176-4 (multi-user eBook)

Printed in the United States of America in North Mankato, Minnesota
1 2 3 4 5 6 7 8 9 0 18 17 16 15 14

042014
WEP280314

Project Coordinator: Jared Siemens
Spanish Editor: Translation Cloud LLC
Art Director: Terry Paulhus

Every reasonable effort has been made to trace ownership and to obtain permission to reprint copyright material. The publishers would be pleased to have any errors or omissions brought to their attention so that they may be corrected in subsequent printings.

Weigl acknowledges Getty Images as the primary image supplier for this title.